HOMELIE XXXVI.

POUR

LE CINQUIEME DIMANCHE D'APRES L'EPIPHANIE;

SUR

LE BON GRAIN ET LA ZIZANIE.

Par M. le Curé de Saint Sulpice.

A PARIS;
Chez RAYMOND MAZIERES, Libraire, ruë saint Jacques, prés la ruë de la Parcheminerie, à la Providence.

M. DCCX.

TEXTE

DU

SAINT EVANGILE

SELON SAINT LUC.

EN ce temps-là Jesus dit aux peuples cette parabole: Le Royaume des Cieux est semblable à un homme qui a semé du bon grain dans son champ, & comme les hommes dormoient, son ennemi vint, qui sursema la zizanie au milieu du bon grain, & s'en alla. Or l'herbe étant venuë à croître & à produire son fruit, alors la zizanie parut, surquoy les serviteurs du Pere de famille s'approchant, luy dirent: Seigneur, n'avez-vous pas semé du bon grain dans vôtre champ? d'où vient donc qu'il y a de la zizanie; & il leur répondit: un homme ennemi a fait cela. Les serviteurs luy repliquerent: voulez-vous que nous allions, & que nous l'arrachions? non, leur dit-il, de peur que peut-être arrachant la zizanie, vous n'arrachiez aussi le bon grain avec elle ; laissez croître l'un & l'autre jusqu'à la recolte ; & en ce temps-là je diray aux moissonneurs, recueïllez premierement la zizanie, & la liez en fagots pour brûler, & amassez le froment, & le serrez dans mon grenier. *Luc.* 13. 24.

Apre's cela, Jesus ayant congedié le peuple, vint dans la maison ; où ses Disciples l'abordant, luy dirent, expliquez-nous la parabole de la zizanie du champ, ce qu'il fit en ces termes : Celuy qui seme le bon grain est le Fils de l'homme, le champ est le monde, le bon grain sont les Justes, la zizanie sont les pecheurs ; l'ennemi qui seme la zizanie est le Diable, la moisson est la consommation du siecle, les moissonneurs sont les Anges : de même donc qu'on ramasse la zizanie, & qu'on la jette au feu : ainsi en sera-t-il à la fin du monde, le Fils de l'Homme envoyera ses Anges qui ramasseront tous les scandales de son Royaume, & tous ceux qui commettent l'iniquité, & ils les jetteront dans une fournaise de feu, alors les Justes brilleront comme le Soleil au Royaume de leur Pere, que celui qui a des oreilles pour entendre : entende. *Luc.* 13. 36.

HOMELIE
SUR
LE BON GRAIN
ET LA ZIZANIE.

APRES que le Docteur du genre humain, comme un vray soleil de justice, eût du haut de la montagne répandu les rayons de sa doctrine celeste sur ses Disciples; qu'ensuite descendu dans la plaine il eût autorisé les grands oracles qu'il prononçoit par de grandes merveilles qu'il operoit; enfin qu'il eût prouvé la possibilité des preceptes qu'il enjoignoit, aussi bien que des vertus qu'il exigeoit, & par les graces qu'il conferoit & par les exemples qu'il donnoit; il voulut à tant de vives clartez ajoûter des paraboles mysterieuses, comme des ombres qui renfermassent dans leur sacrée obſcurité, les enſeignemens qu'il venoit de publier ſans aucune ambiguité ; & cela dans le deſſein d'exciter un ſaint deſir d'en penetrer le ſens caché ; de faire mieux goûter le plaiſir utile qu'on reſſent quand on l'a trouvé; & de faire mieux retenir ce qu'on s'eſt avec peine imprimé : *perſpicua miſcet obſcuris*, dit ſaint Jerôme, *ut per ea quę intelligunt, provocentur ad ea quæ non intelligunt* ; ou, comme s'exprime ſaint Auguſtin, afin de nous exercer dans un travail ſi pieux, & de nous nourrir d'un fruit ſi ſavoureux, *propter exercitationem quærentis & delectationem invenientis.*

Hie.

L. 12. Cont Fauſt. c 12.

Au reſte rien ne montre tant la multiplicité de nos miſeres, que la diverſité de ces énigmes : car il eût ſemblé qu'aprés nous eſtre précautionnez contre les épines, les pierres dures, & les chemins battus, qui dégradent le champ du Pere de famille, qui ſuffoquent le bon grain, & qui figurent nos indiſpoſitions à faire fructifier en nous la grace & la parole du Seigneur, nous n'avions plus rien à craindre : mais voici deux obſervations capables de nous tirer de cette fauſſe paix, & de nous animer à la vigilance, & à l'attention ſur nous-meſmes. Premierement, c'eſt qu'il vous ſerviroit peu, dit ſaint Auguſtin, d'être une bonne terre, & de n'avoir pas d'épines à arracher dans le champ de voſtre interieur, des habitudes criminelles & inveterées à déraciner, ſi vous ne rapportez pas meſme le trentiéme : ne vaudroit-il pas mieux avoir eu des ronces à extirper en vous, & de rendre enſuite le centiéme au Seigneur ? Surtout puiſqu'une terre ingrate qui par le travail opiniatre du laboureur est enfin devenuë fertile, luy donne plus de joïe, que celle qui bonne par elle même, ne luy rend neanmoins, quelque soin qu'on en prenne, que des fruits mediocres : *quia & agricolæ plus placent agri qui spinis etiam magnis eradicatis, centesimum proferunt, quam qui nullas unquam spinas habuerunt, & vix ad tricesimum perveniunt.*

L. 22. contra Faust. c. 69 p. 531. 8.

Ce jeune Prince qui dés sa tendre enfance avoit gardé les commandemens, *hæc omnia custodivi à juventute meâ, quid adhuc mihi deest?* Etoit une terre sans épines, & qui sembloit disposée, à porter le centiéme, *unum tibi deest si vis perfectus esse, vade, omnia quæcumque habes vende, & da pauperibus, & habebis thesaurum in cælo, & veni sequere me* : cependant il n'alla pas même au trentiéme, c'est-à-dire jusqu'au détachement des richesses qu'on exige des personnes mariées, *& abiit tristis.*

Au contraire, saint Mathieu n'étoit-il pas une terre herissée d'épines, c'est-à dire de soins & de sollicitudes seculieres; *sollicitudo seculi istius, fallacia divitiarum, voluptates vitæ*; & neanmoins ne produisit-il pas le centiéme de la grace apostolique, *relictis omnibus surgens secutus est eum?*

Le cœur des dix vierges renfermées dans la maison de l'Epoux, n'étoit point un terroir endurci comme un grand chemin; elles n'étoient point dans le grand monde, qui pouvoit donc mieux quelles rapporter le centiéme? Cependant cinq d'entr'elles ne rapportent pas le trentiéme de la femme forte; car la lampe de celle-cy conserva sa lumiere pendant toute la nuit, *non extinguetur in nocte lucerna ejus*; & les lampes de celles-là, pour n'avoir pas assez pris d'huile, allerent à peine jusqu'à la moitié de la nuit, *mediâ nocte*: aprés quoi elles s'éteignirent, *lampades nostræ extinguntur*; ce qui fut assez pour les faire rejetter comme une terre infructueuse. Au contraire la Magdeleine étoit une terre défigurée par les épines, les pierres & les grands chemins; cependant elle rapporta plus que le centiéme des vierges, *virgines ipsas honestate superavit*, dit saint Ambroise. Ne vous flatez-donc pas d'être une terre qui n'a pas été deshonorée par les épines, les pierres & les chemins publics, il est vray que vous avez reçu le fond d'un bon naturel, qu'on l'a cultivé par une penible éducation, que les épines des habitudes vicieuses, comme de l'avarice, de l'intemperance, de la luxure n'ont point pullulé en vous; qu'elles ne s'y sont point enracinées; qu'on y a semé du bon grain; *in terram bonam*: mais à quoi cela sert il, si vostre paresse & vostre nonchalance vous rendent sterile, si elles empêchent que vous ne rapportiez pas même le trentiéme, audessous duquel il n'est plus fait mention d'aucun fruit pour le pere de famille, *aliud tricesimum*: au lieu que vous devriez rendre le centiéme? Faut-il qu'une terre ingrate cultivée avec peine par le laboureur, rapporte enfin plus de fruit que vous, & soit plus aimée de lui, ainsi que parle S. Gregoire, *quia agricola illam amplius terram amat quæ post spinas, uberes fructus producit, quàm eam quæ nunquam spinas habuit, & nunquam fertilem messem produxit.*

Secondement

Secondement, c'eſt qu'il vous ſerviroit encore peu d'avoir heureuſement cultivé voſtre champ, de l'avoir preſervé des épines, des pierres, & des grands chemins, & de voir le bon grain pouſſer & promettre une abondante moiſſon, ſi vous n'en détournez encore un nouveau déſaſtre, qui pourroit le gâter, & en diminuer le merite; ſi vous ne veillez à vous défendre contre l'artifice & la malignité de vos ennemis, vous laiſſant aller à la negligence, & au défaut d'attention ſur vous-meſme, ainſi que la parabole d'aujourd'huy nous l'apprend; la choſe eſt de conſequence: Car il s'agit, non de la perte d'un grain corruptible qui rempliroit vos greniers, non de la perte meſme d'un Royaume terreſtre & temporel, mais de la perte d'un Royaume éternel & celeſte, autant élevé audeſſus des Roïaumes de ce monde, que les Cieux ſont élevez audeſſus de la terre, par leur ſplendeur, leur hauteur, leur grandeur, leur beauté, leur incorruptibilité, leur influence, & leurs mouvemens. *Simile eſt regnum cælorum*: quelle gloire pour nous! Quel bonheur de ce qu'on nous l'offre, quel aveuglement ſi nous ne l'eſtimons pas! Quel malheur ſi nous le perdons! perte d'autant plus irreparable, qu'elle ſera ſuivie d'un ſupplice ſans fin, *alligate zizania in faſciculos ad comburendum, mittent eos in caminum ignis.* Menace qui donna tant de terreur aux Apoſtres entendant parler de liens, de feux, de braziers, de larmes, & de grincemens de dents, *ibi erit fletus, & ſtridor dentium*, que tous effrayez ils demanderent en particulier au Sauveur, qu'il leur expliquaſt cette importante para-

P ppp

bole : *Et accesserunt ad eum Discipuli dicentes, edissere nobis parabolam zizaniorum agri.* Or comme le Roïaume des Cieux se prend dans l'E'criture, ou bien pour celui que nous attendons aprés la resurrection generale, lorsque l'empire du peché, du Demon & de la mort étant détruit sans ressource, Jesus-Christ soûmettra toute creature aux pieds de son pere : *Deinde*
1. cor. 15. *finis cùm tradiderit regnum Deo & Patri*, dit l'Apôtre *cum evacuaverit omnem principatum, & potestatem, & virtutem, oportet autem illum regnare donec ponat inimicos sub pedibus ejus, novissima autem inimica destruetur mors.* Ou bien pour le regne de Dieu dans nos ames, lorsqu'affranchis par la grace du joug de la convoitise & du peché, la chair se trouve assujetie à l'esprit, & l'esprit à Dieu ; non pleinement, car tandis que nous serons en ce monde, la chair convoitera contre l'esprit, & l'esprit contre la chair, & nous aurons toûjours à combattre ; mais parce que la grace de Dieu suffira pour nous rendre victorieux, & pour nous établir dans un avant-goust du bonheur des Saints.

Enfin le Royaume de Dieu signifie souvent dans l'Ecriture, l'Eglise militante, & c'est en ce sens qu'il faut l'entendre dans l'Evangile d'aujourd'huy, puisque nous y voyons le mélange des bons avec les mauvais, & qu'elle nous y est representée en trois états differens, & successifs ; sçavoir,

1°. Ce qu'elle fut dans son commencement.

2°. Ce qu'elle a été dans son progrés.

3°. Ce qu'elle sera dans sa fin.

PREMIERE CONSIDERATION

On peut dire que l'Evangile d'aujourd'huy nous fait un plan achevé de la primitive Eglise en quatre paroles, mais dignes de ce Verbe éternel, incomprehensible, infini, qui ne pouvant estre renfermé par la vaste étenduë du Ciel & de la Terre, puisqu'il a l'immensité pour partage, a bien sçû se resserrer dans un sein virginal, & sçait bien quand il veut renfermer les plus grandes veritez, & les plus profonds mysteres, dans le plus petit discours. Le Roïaume des Cieux, dit-il, est semblable à un homme lequel a semé du bon grain dans son champ : ô merveille, l'ouvrier & le Maistre absolu de l'Univers, ne s'en est reservé qu'un champ pour sa portion ! mais ce champ contient un trésor, *simile est regnum cælorum thesauro abscondito in agro*. Examinons bien chaque mot de cette riche parabole.

Premierement, *ce Champ*, quel est-il, sinon l'heritage de Jesus-Christ, l'Eglise de ce monde, *ager est mundus*? Combien la Terre de ce nouvel Isaac devint-elle en peu de tems plus heureusement fertile, que celle de cet ancien Patriarche? *Sevit autem Isaac in terra illa, & invenit in ipso anno centuplum?* Combien les Gen. 26 12. épics de ce nouveau Jacob répandirent-ils plus au loin leur excellent parfum que ne le firent ceux de cet ancien Israël, *Ecce odor filii mei sicut odor agni pleni cui benedixit Dominus*? N'est-ce pas de cet odeur édifiante Gen. 27 27. dont parle saint Paul en la personne des premiers fi-

delles, lorſqu'il écrit, que leur vie ſainte, & leurs vertus exemplaires, étoient la bonne odeur de Jeſus-Chriſt, Premierement caché en terre par ſa mort comme le grain de froment, pour ſe multiplier ; & enſuite ſorti de terre par ſa reſurrection, pour embaumer comme un parfum ſuave le genre humain de la douce eſperance de ſa reparation, & par là qui devint une odeur de vie aux fidelles & une odeur de mort
2. Cor 2. 15. aux incredules, *Chriſti bonus odor ſumus, aliis quidem odor mortis in mortem, aliis autem odor vitæ in vitam.*

En effet, le beaume odoriferant vivifie les hommes, & ſuffoque les pourceaux, dit S. Chryſoſtome; *Nam & ſues unguento ſuffocari dicuntur.* Le ſouffle du Sauveur qui confera l'eſprit vivifiant aux Apoſtres, donnera la mort à l'Antechriſt, *eodem modo Chriſtus oris ſui ſpiritu Antichriſtum opprimet*: le meſme ſoleil qui par ſon vif éclat offuſque les yeux foibles, illumine les yeux clair-voïans; *Et quemadmodum ſol licèt infirmis oculis tenebras offundat, lumen tamen eſt, etiamſi obſcuritatem afferat infirmorum oculis.* Il faut donc pour bien remplir cette pa-
In illud. role, continuë toûjours le meſme Saint, que le vray fidelle ſoit comme un encenſoir ſacré qui exhale ſans ceſſe, & qui répande par tout la bonne odeur de Jeſus-Chriſt; *itaque tanquam thuribulum regium ſumus, cæleſte unguentum, ac ſpiritualem fragrantiam quoquo gentium pergamus redolentes*

Mais il ne ſuffiſoit pas que les Diſciples de Jeſus-Chriſt pour eſtre ſes vrays imitateurs, répandiſſent la bonne odeur de Jeſus-Chriſt à l'entour d'eux par leur bonne vie, il faloit encore qu'ils envoyaſſent cette bonne odeur audeſſus d'eux par leur ſainte mort; il faloit que s'immolant par le martyre pour Jeſus-Chriſt, & ſe mettant comme des holocauſtes ſur ſon Autel, la vapeur de leur ſacrifice uni à celuy de Jeſus-Chriſt, montât au Seigneur en odeur de ſuavité; *hæc enim verba mihi duplici modo exponi poſſe videntur*, continue ſaint Chryſoſtome, *aut enim hoc ait quod ſe ipſos tanquam victimam offerrent dum mortem oppeterent, & ſic quòd necis Chriſti bonus odor eſſent, dum quotidie Chriſti cauſâ mactarentur, perinde ac ſi quis dicat, hujuſce victimæ, bonus odor eſt hic ſuffitus.* Continuant ainſi par cette bonne odeur de leur chair immolée, la bonne odeur de celle de Jeſus-Chriſt immolé, & accompliſſant par la deſtruction de ce qu'il y avoit de terreſtre en eux, & par leur transformation en un être plus noble, ce que la deſtruction des anciennes hoſties & leur transformation en une flame celeſte, avoient figuré, dit ſaint Auguſtin; *quia eadem ſubſtantia corporis in cæleſtem commutabitur qualitatem, quod ignis in ſacrificio ſignificabat.* Auſſi liſons-nous que du bucher où ſaint Polycarpe fut bruſlé, il ſortit un parfum ſi exquis, & ſi fort, qu'il fut ſuffiſant pour diſſiper la puanteur qu'un tel amas de bois bruſlant le corps d'un homme auroit pu cauſer: *odor etiam thuris aut myrræ aut alicujus pretioſi unguenti tractum nidorem totius purgabat incendii;* les Martyrs de Lyon répandant leur ſang, répandoient une ſi ſuave odeur, qu'on eût cru qu'ils euſſent été parfumez de quelque baume odoriferant, *ſuavem Chriſti odorem ſpirantes, ita ut nonnulli terreno eos unguento delibutos putarent.* Il eſt vrai que c'eſt beaucoup

Cont. Fauſt. 22. 17.

Acta.

Acta.

que d'estre la bonne odeur de Jesus-Christ par la pratique d'une vie vertueuse; mais c'est encore plus de l'être par le sacrifice de soy-mesme, & de remplir cette autre parole du mesme Apostre : Mes freres, je vous conjure par la misericorde de Dieu, de lui offrir vos corps comme une hostie vivante & sainte: *obsecro itaque vos, fratres, per misericordiam Dei, ut exhibeatis corpora vestra hostiam viventem sanctam.* Avec quelle promptitude cette excellente odeur ne se répandit-elle pas dans le monde, avec quelle admirable abondance le grain de la doctrine évangelique ne pullula t-il pas, & ne couvrit-il pas la surface de la terre ? les épines, les pierres, les chemins, tout fut ensemencé, tout fut changé, & le champ du Pere de famille enrichi d'une si bonne semence produisit selon la differente disposition de ceux qui la reçurent, *pro suorum diversitate meritorum*, dit saint Augustin, le centiéme, le soixantiéme, le trentiéme : le centiéme du Martyre & de la virginité, *sive centena fertilitas martyrio imputetur, sive virginitatis vita in centeno fructu sit.* Le soixantiéme de la viduité, le trentiéme du chaste mariage : telle est la doctrine des Peres. Que si le laboureur affectionné voyant le champ de son maître germer abondamment, a de la joye ; quelle n'est pas la mienne en qualité d'ouvrier évangelique, dit saint Ambroise ? quand je considere ce champ fertile de l'Eglise à la culture duquel je suis commis, que l'integrité des vierges comme une fleur naissante rend agreable ; que la gravité des veuves comme un fruit avancé rend respectable; que la continence con-

Rom. 12. 1.

S. Aug. de Civi. l. 21. c. 17. L. 1. qq. Evang. q 9. De sancta Virgin. c. 26.

jugale comme une fructueuse production rend estimable, & que ces trois états embellissent, honorent, enrichissent, & peuplent, *ut commissi ruris operarius agrum hunc Ecclesiæ fertilem cernam, nunc integritatis flore vernantem, nunc viduitatis gravitate pollentem, nunc etiam conjugii fructibus redundantem.* De viduit. c. 14.

1°. Pour commencer par le centiéme fruit, combien le sacré terroir de l'Eglise a-t-il produit de Martyrs, & combien leur sang comme une semence feconde, a-t-il germé de Chrétiens? *Plures efficimur quoties metimur à vobis, semen est, sanguis Christianorum,* disoit Tertullien. Apol c. 50. Si-tôt que les Apostres jusques alors timides eurent receu le saint Esprit, avec quelle intrepidité ne parurent-ils pas devant les tribunaux, avec quelle joye ne souffrirent-ils pas les plus cruels supplices? *Ibant Apostoli gaudentes à conspectu concilii, quoniam digni habiti sunt pro nomine Jesu contumeliam pati:* les Chrétiens par une sainte émulation, ne songerent plus qu'à répandre leur sang pour celuy qui l'avoit répandu pour eux: l'âge, le sexe, la condition, tout courut à l'envi, tout soûpira aprés un si glorieux sacrifice de soy-même.

Saint Simeon Evêque de Jerusalem, âgé de six-vingts ans, souffre des tourmens atroces pendant plusieurs jours, *per multos dies accerbissimis tormentis excruciatus*; & meurt en croix pour la defense de la foy, laissant le Proconsul, & les Satellites, dans l'étonnement d'une telle constance, & d'un tel courage: *cruci affixus admirationi fuit Proconsuli ac satellitibus.* Acta.

Saint Ignace Evêque d'Antioche, dans une ex-

trême vieillesse, ayant gouverné la nacelle de son Eglise pendant les flots de plusieurs longues & terribles persecutions avec autant de zele que de prudence, crût cependant n'être pas encore un vray disciple de Jesus-Christ, s'il ne finissoit ses jours par le Martyre : *quòd nondum verè in Christum charitatem at-*
Ibi. *tigerat nisi per martyrium, &c.* il fut exaucé *sortitus est secundùm votum*, & sa joye fut si grande de se voir condamné à un supplice affreux, qu'il ne craignit rien, sinon que les fidelles n'en empechassent, ou n'en retardassent l'execution, ou que les bêtes ne l'épargnassent & ne le dévorassent pas tout entier, *dimittite me bestiarum esse cibum, ut mihi sepulchrum fiant.*

Saint Polycarpe Evêque de Smyrne, âgé de quatre-vingt-six ans, fit avec tant de zele sa profession de foy devant les Juges, & se livra aux tourmens, & au supplice avec tant de joye, se dépoüillant luy-même, se mettant à genoux, joignant les mains, & sans être lié au poteau, souffrant le feu sans changer de posture, en un mot s'immolant avec une devotion si animée, que le Tyran & les bourreaux, les Juifs, & les Payens en demeurerent tous effrayez, *in me leonum rabies cruenta desæviat, & quidquid gravius Judex durus inveneris, fac ex me quæque cogitas, non fer-*
Ibi. *ro, non arctorum doloribus vinculorum, non fame, non exilio, non flagellis, &c. hæc dum loquitur Polycarpus, vultum ejus gratiæ cœlestis splendor intravit, ut ipse etiam Proconsul terreretur.*

Saint Pothin Archevêque de Lyon, âgé de prés de cent ans, infirme jusqu'à ne pouvoir presque respirer,

pirer, & tout épuisé de forces, reprend courage au seul bruit du Martyre aprés lequel il avoit toûjours soûpiré : *prę cupiditate imminentis martyrii, mirabili alacritate animi firmatus*, il confesse hautement Jesus-Christ devant une populace insensée de Payens, souffre mille violences, & mille insultes, les coups, le cachot, & meurt avec joïe pour Jesus Christ.

Les jeunes enfans ne furent pas moins courageux ni moins forts que les vieillards. Origenes n'étant encore qu'un enfant, voïant l'horrible incendie de la persecution s'allumer, *cùm ardentissimum persecutionis flagraret incendium*; & qu'un nombre infini de Chrétiens recevoient la couronne du martyre, *atque innumerabiles martyrio coronarentur*, brûloit d'un desir si ardent de les imiter, que sa mere aprés avoir tâché par sa prudence & par son autorité de retenir le zele de son fils, fut contrainte de lui cacher ses habits lorsqu'il étoit au lit, *absconditâ illius veste, domi manere invitum coëgit*: Dans cet état, cet enfant aïant appris que son pere avoit été emprisonné pour la foi, il lui écrivit en ces termes : Gardez-vous bien, mon pere, de vous laisser amolir par vostre tendresse pour nous, tenez ferme pour la foi, mourez pour Jesus-Christ, *cave mi Pater, ne nostrâ causâ sententiam mutes.* *Euseb. c. 1.*

Cyrille, un très-jeune enfant de Cesarée n'eut pas une moindre ferveur : incessamment, & en tout tems il avoit Jesus-Christ à la bouche, confessant qu'il ne pouvoit s'abstenir de l'aimer, il attire par son exemple plusieurs autres jeunes enfans de son âge qui ne respirent que Jesus-Christ, *æmulatores* *Acta*

multos, similes ejus ætati. Son pere le chasse de sa maison, & lui refuse toute subsistance, on le fait saisir, on veut l'effrayer par des menaces terribles, on fait plus, on le charge de chaînes, on le déchire à coups de foüets, *verbis territus, plagis confixus*; il se mocque des promesses, des menaces, des tourmens, de la mort; on le mene au lieu du supplice, on tire le glaive, on allume le feu, on croit l'épouvanter, il se rit de tout cet effroïable appareil; il tend la gorge, & devient une tendre & illustre victime, & devant le Seigneur qui reçût son ame en odeur de suavité, & devant les hommes qui furent témoins de son triomphe; *splendidus, & spectabilis non solùm ei qui recipit ejus animam, sed iis qui Cæsareæ habitabant.*

Saint Babylas Evêque d'Antioche, si celebre dans l'histoire de ces premiers tems, entre les merveilles de sa vie, inspira un si grand amour pour Jesus-Christ, à trois jeunes enfans qu'il avoit instruits dans la foy, & élevez dans la pieté, dont l'un n'avoit que sept ans, qu'ils honorerent le martyre de leur saint Pasteur par le leur propre, & dont les reliques étoient reverées avec les siennes, ayant été apparemment inhumez avec luy dans le même tombeau, comme des enfans avec leur cher Pere spirituel, que la mort ne pouvoit separer; ce Saint voulut de plus être enseveli avec les chaînes de fer dont on l'avoit chargé dans la prison, rien ne luy paroissant ni plus glorieux pour Jesus-Christ, ni plus propre à témoigner son amour pour luy: *sanctus Babylas corpus suum unà cum ferreis illis catenis sepeliendum mandavit; planum faciens, ea quæ ignomi-*

nioſa videntur, propter Chriſtum honorifica eſſe, ac ſplendida, eum que qui ea patitur non ſolùm non diſſimulare, ſed inde placere ſibi oportere; inſuper oſtendens ea vincula ſibi pergrata & peramica eſſe pro ea charitate quâ totus in Chriſtum appenſus erat. S. Chryſ. Or. in Gent. med.

Que ſi les vieillards décrepits, & les enfans de ſept ans ont remporté de tels triomphes, qu'eſt-il neceſſaire de rapporter ceux d'un nombre infini d'hommes de toutes conditions qui pendant plus de trois cens ans, ont ſouffert avec un courage invincible, pour s'exprimer avec les Auteurs du tems, le fer & le feu, d'être percez par des clouds, déchirez par les bêtes, précipitez dans les abîmes de la mer, coupez à morceaux, brûlez à petit feu, à qui on a arraché les yeux, mutilé les membres, que l'on a fait perir par la faim, & par tous les moïens les plus cruels que la rage puiſſe inſpirer; *nam & viri ignem ac ferrum, clavorum ſuffixiones, beſtias, profundos maris gurgites, membrorum abſciſſiones, ac percuſſiones, confixiones, & effoſſiones oculorum, totius denique corporis mutilationes, ad hæc famem, &c.* Et comme ſi ce n'étoit pas aſſez que des particuliers euſſent ſéparément affronté la mort, des troupes entieres s'y ſont offertes avec un zele qui n'eut jamais d'exemple. Euſ. Ev.

A Carthage la nouvelle étant venuë que l'Edit de Valerien qui condamnoit les Eccleſiaſtiques au dernier ſupplice, alloit y être publié, tout le Clergé plein d'ardeur pour le martyre, ſe prepare avec empreſſement pour en recevoir la couronne, & nul d'eux ne veut pas ſeulement faire une abſence de quelques jours, crainte de perdre l'heureux moment de donner sa vie pour Jesus-Christ, *ut non vobis incontinenti scriberem, frater charissime*, écrivoit saint Cyprien aux Evêques voisins, *illa res fecit, quòd universi Clerici sub ictu agonis constituti recedere istinc omninò non poterant, parati omnes pro animi sui devotione ad divinam & cœlestem gloriam*: voyant ensuite contre leur attente que leur Evêque seul avoit eu ce bonheur, pleins de tristesse, & de regret, d'avoir été épargnez, ils ne se consolent que dans la resolution de sacrifier leur vie dans la pratique de la devotion la plus religieuse, qui leur pût tenir lieu d'un sanglant martyre, *Deo dicata devotio pro Martyrio reputatur*, disoient-ils, & la multitude des fidelles qui souffrirent la mort en cette occasion, fut si grande, que les bourreaux pour ne pas faire un trop grand amas de têtes coupées & de corps mutilez, disposerent ces innocentes victimes sur une ligne le long d'un ruisseau pour les décapiter l'un aprés l'autre, & les jetter séparément dans l'eau, ensorte que le lit de ce ruisseau en fut comblé, *in immensam struem corporum cumulus acervaret, ut ipsum spatium tantâ strage completus alveus denegaret*.

Ad Success.

Pontius in vita S. Cyp.

Acta

A Rome, ce terroir si fertile en Martyrs, *fertilis ager Martyrum*, la persecution s'étant allumée, le Pape saint Corneille, suivi du Clergé, & de tout le peuple chrétien, marchant en foule aprés son Pasteur, vont ensemble se presenter aux Tyrans, pour y faire une haute profession de foy, & recevoir tous ensemble la mort, *apud vos unus animus, & una vox est, omnis Ecclesia Romana confessa est*; comme mandoit S. Cyprien au Pape Corneille pour le feliciter d'un tel courage.

Ce seroit un soin inutile de rapporter d'autres exemples de ce zele ardent, mais ce n'en est pas un de remarquer icy, qu'il s'éleva pour lors une question qui partagea les fidelles : on agita deux cas de conscience parmi les plus sçavans d'entre eux : le premier, s'il étoit permis de füir, ou de se cacher pour éviter la persecution; le second, si lorsqu'un chrétien caché venoit à être découvert, & saisi par les Satellites, il pouvoit leur donner de l'argent pour les obliger à le relascher & le laisser échaper.

Tertullien consulté là-dessus, aprés une conference celebre, écrivit un traité pour montrer, que l'un ni l'autre n'étoit permis, & qu'on ne pouvoit en conscience, ni füir, ni se cacher, ni se racheter : il enseigna que celuy qui s'enfuit, ou qui se cache, est censé ne vouloir pas confesser sa foy, & par consequent y renoncer : *nolle autem confiteri negare est.* En second lieu, qu'il est honteux, & scandaleux d'acheter Jesus-Christ à prix d'argent, *non decet Christum pecuniâ constare*; que s'échapper pour ne pas confesser Jesus-Christ, c'étoit refuser de le confesser, *nolendo confiteri, negasti*; & ainsi tomber dans l'Apostasie, *excidit ergo qui maluit evasisse*; & qu'enfin c'étoit ouvrir la porte à une timidité sans bornes, *quid non timiditas persuadebit?* qui suggereroit mille moyens subtils pour éluder le martyre, & le témoignage éclatant qu'on doit à Jesus-Christ : cependant l'Eglise, toûjours gouvernée non moins par un esprit de sagesse que de sainteté, condamna cette morale outrée, & ces Docteurs ri-

De fugâ 5. 12. 14.

gides furent rejettez : l'exemple du Sauveur, qui se déroba plus d'une fois à la fureur des Juifs, & l'avis qu'il a donné dans l'Evangile, de s'enfüir d'une ville où on est persecuté, en une autre, prévalut parmi les fidelles humbles, & prudens ; ce que la chûte de plusieurs Chrétiens présomptueux qui voulurent temerairement s'exposer aux perils, & l'heureux succez de ceux qui se tinrent cachez jusqu'à ce que la providence permît qu'ils tombassent entre les mains des persecuteurs, verifierent assez ; & Tertullien déja novateur dans la doctrine, fut improuvé dans la morale. Saint Polycarpe se cacha de maison en maison, mais étant enfin découvert & pris, il souffrit constamment le martyre, & c'est ce que l'Eglise de Smyrne appelle un martyre evangelique & vrayment heureux, où l'on montre en même temps un grand courage, & un religieux abandon à la volonté de Dieu, en le laissant luy-méme disposer de nous, & de nôtre vie : un Chrétien imprudent, loin de se cacher, alla se presenter hardiment devant le même Juge, *pronus ad patiendum*, mais effrayé du seul aspect des lions, il renonça Jesus-Christ, *ipso aspectu timore percussus*, & devint, ainsi que quelques autres, l'objet de la dérision des Juifs & des Payens ; c'est pourquoy, ajoutent ces premiers Chrétiens, nous ne devons pas loüer ceux qui de leur propre mouvement s'offrent ainsi d'eux-mêmes au martyre, *ideo non eos fratres laudare debemus qui se ultro offerunt, sed eos qui inventi latentes, sic nos namque Evangelicus sermo, &c.*

Tel fut le fruit centiéme du martyre dans les hommes, *centena fertilitas in martyrio*, dit S. Augustin : il ne fut pas moindre dans les personnes du sexe, *virginitatis vita, in centeno fructu*, continuë ce Pere ; & les vierges Chrétiennes furent infiniment plus allarmées du cri des hommes impurs qui vouloient les prostituer, qu'effrayées du rugissement des lions affamez qui vouloient les devorer : *ad lenonem damnando Christianam potiùs quàm ad leonem.* L'on peut même dire qu'elles allerent quelquefois trop loin, & que leur desir ardent de joindre à la fleur de leur virginité, la palme du martyre, ne fut pas toûjours selon la science, si ce qu'elles firent pour cela n'eût esté par un mouvement extraordinaire du Saint Esprit. Suprà. Apol. 49.

Sainte Apollonie, quoyque fort âgée, aprés avoir souffert divers horribles tourmens, voyant qu'on allumoit un bucher pour la brusler, s'échappa des mains de ses bourreaux & courut se jetter elle méme dans le feu qu'on luy preparoit, où elle consomma son sacrifice, plus embrasée audedans par les ardeurs de la charité, qui l'animoit, que brûlée au dehors par le brasier qui la devoroit, *accenso rogo minabantur vivam se illam combusturos, at illa paulisper dimissa, celeriter in ignem insiliit & conflagravit.* Sainte Pelagie pour deffendre sa pureté contre la violence qu'on luy vouloit faire, preferant par une merveilleuse magnanimité d'ame, *forti & excelsi animi magnitudine*, une mort douloureuse à une vie deshonorée, se précipita du haut de sa maison, & aima mieux mourir avec la gloire de son integrité, que de survivre à la perte de sa virgi- Euseb. l. 4. 6.

nité, comme l'écrivent S. Chrysostome & S. Ambroise. Sainte Sophronie, moins distinguée encore par sa noblesse & par sa beauté, que par son amour pour la chasteté, *longè nobilissima & castissima*, voyant les Satellites envoyez pour l'enlever & la prostituer à un Tyran, & son époux Prefet de Rome intimidé ne la défendre pas, entre dans son cabinet comme pour se parer de quelque ajustement, & là se revestant, non d'un ornement vain, mais d'un courage heroïque, & d'une force bien au dessus de celle de son mari, elle se plongea le poignard dans le sein, *gladium pectori immergit*, son sang luy devenant une pourpre de pudeur infiniment plus precieuse que la pourpre des Roys, *confessionis ornatu decora, & veste omni regali purpurâ pretiosiore induta*; Jugez donc du courage de ces genereuses Chrétiennes quand on les livroit à la mort, puisqu'elles s'y livroient ainsi elles-mêmes sans y estre poussées que par l'ardeur de leur zele, & par l'instinct du saint Esprit animant leur cœur, sans quoy, encore une fois, la mort qu'elles se fussent procurée eût esté un crime, *non sine scelere*, dit saint Augustin; que d'exemples pourroit-on en rapporter? la ville seule d'Alexandrie en vid six cent à la fois, lesquelles témoignerent tant d'horreur de la prostitution dont on les menaçoit, que les Juges irritez de leur hardiesse, les firent toutes perir dans des tourmens épouventables à ceux qui les virent, mais qui n'épouventerent point celles qui les souffrirent, *sexcentæ quoque aliæ cum stupri minas quas Provinciarum Rectores ipsis intentabant, ne auditu quidem tenus ferre potuissent*

L. 1. de C. de C. 26.

ſent omnia cruciatuum , tormentorum & capitalium ſupplíciorum genera pertulerunt. Toutes pouvant dire avec la bien-heureuſe Agnés, au rapport de ſaint Ambroiſe, que nôtre corps periſſe, puiſqu'il peut plaire aux yeux de ceux dont nous nous ne voulons pas eſtre aimées, *pereat corpus quod amari poteſt oculis quibus nolo.*

SECONDE CONSIDERATION.

La viduité ne produiſit pas en ſon genre de moindres fruits dans l'Egliſe, *aliud ſexageſimum* , où les veuves vinrent occuper le ſecond rang aprés celuy des Martyrs & des Vierges, & porter le fruit ſoixantiéme, attribué à leur état, ſelon les Peres, *fructum ſexageſimum viduis & continentibus deputantes*, dit S. Jerôme, leurs vertus répondant à leurs années, *vidua eligatur non minus ſexaginta annorum*; & rempliſſant avec abondance le champ de l'Egliſe, *agrum Eccleſiæ viduitatis gravitate pollentem video*, ajoûte ſaint Ambroiſe. On peut dire à la loüange des veuves Chrétiennes, que ce furent elles qui les premieres ornerent l'Egliſe naiſſante de la profeſſion publique de la continence, ſelon que ſaint Chryſoſtôme l'obſerve ſur cette parole de l'Apôtre, infiniment avantageuſe pour elles, lorſqu'il enjoint à ſaint Timothée de les honorer, *viduas honora quæ verè viduæ ſunt*; car d'où vient, remarque cet Interprete ſi éclairé, d'où vient que ſaint Paul ne parle point icy des Vierges, dont l'état eſt ſans doute preferable à celuy de la viduité? *cur, obſecro, nihil de virginitate diſſeruit?* d'où vient qu'il ne dit

Suprà.

1. Tim. 5. 9.

Suprà.

1. Tim. 5. 3.

pas, honorez les Vierges; *neque ait Virgines honora?* je croi, continuë-t-il, que la profession de la virginité n'étoit pas encore établie dans l'Eglise, ou que celles qui l'avoient d'abord embrassée, étoient déchuës de cette gloire par leur incontinence, & par consequent ne meritoient pas d'être honorées, *ut equidem reor, virgines tunc fortasse non erant, sive etiam à proposito exciderant*: les veuves plus courageuses & plus fortes leverent donc les premieres l'étendart de la continence: quel honneur pour elles! qu'elle gloire d'avoir precedé les Vierges en cela! de leur avoir montré l'exemple d'une vie si parfaite, d'avoir trouvé moyen de rentrer dans les droits de leur premiere integrité, dit saint Clement d'Alexandrie, & de revenir comme encore une fois des vierges par une vertueuse continence, *vidua quæ est rursus virgo per continentiam*! que d'imitatrices n'eurent-elles pas ensuite! que de pieuses veuves n'ornerent pas l'Eglise de leurs vertus, de leurs travaux, de leurs soins, de leur zele! quels fruits abondans & édifians ne produisirent-elles pas dans le sacré terroir du pere de famille! mais aussi quelle perfection n'exige pas d'elles saint Paul? il veut qu'elles s'appliquent nuit & jour à la priere: *instet obsecrationibus, & orationibus nocte & die*; il veut qu'elles soient irreprehensibles dans leur conduite & dans leurs mœurs, *& hoc præcipe ut irreprehensibiles sint*; il veut qu'elles pratiquent toute sorte de bonnes œuvres; *si omne opus bonum subsecuta est*, instruisant les jeunes personnes de leur sexe, les disposant au baptême, les levant des sacrez fonts, cooperant à la distri-

L. 7. Strom.

bution des aumônes, au ministere des Eglises & à diverses fonctions saintes; ce qui fait dire au même Pere, que l'Apôtre ne demandoit presque pas plus de vertu dans un Evêque, qu'il en demandoit dans une Veuve Chrétienne: *ô quantum exigit à viduâ! tantum profectò ut ab Episcopo plus ferè nihil exigat.*

Combien la Religion est-elle redevable à sainte Helene, veuve de l'Empereur Constance Chlore, & mere de Constantin, le premier de tous les Princes Chrétiens, & leur modele! que de Temples magnifiques ne fit-elle pas élever à Jesus-Christ dans la Palestine & dans tout l'Orient? que d'édification ne donna-t-elle pas à toute l'Eglise par ses vertus? que de rares exemples de modestie, de pieté, d'humilité, ne laissa-t-elle pas à toutes les Imperatrices, & aux Reines à venir? que d'aumônes distribuées? que de prisonniers délivrez? que d'exilez rappellez par sa charité! elle portoit des habits d'une étoffe simple & commune; assiduë à l'Eglise, & mêlée parmi le peuple, elle n'y vouloit aucune distinction, *pauperibus ac nudis, & omni ope destitutis quàm plurima donavit, illis pecuniam, his vestem, &c. nonnullos ab exilio revocavit, &c. assiduè in Ecclesiâ ventitabat, sacras ædes eximiis ornamentis decorabat, ne minimarum quidem urbium sacella despiciens, modesto ac decenti habitu unà cum reliqua multitudine, &c.* elle se plaisoit dans les Communautez des Vierges, elle leur donnoit elle-même à laver & à manger, elle les servoit à table; *sacras Virgines ad convivium vocabat, eisque prandentibus ministrabat, cibos apponebat, aquam manibus effundebat, &c.* Sozom. 2.1

En quels endroits du monde sainte Paule, cette illustre veuve Romaine, ne répandit elle pas la bonne odeur du champ de Jesus-Christ ? la noblesse qui se tire de la regeneration spirituelle, & de la sainteté, luy parut infiniment au dessus de celle qu'elle tiroit du sang & de la valeur de ses glorieux ancêtres ; la pauvreté du Sauveur luy sembla preferable aux richesses immenses qu'elle possedoit, & l'étable de Bethléem aux Palais augustes qu'elle habitoit, *nobilis genere, sed multo nobilior sanctitate, potens quondam divitiis, sed nunc Christi paupertate insignior, Romæ prætulit Bethleem, &c.* elle se macera par des jeûnes austeres & continuels, *incredibili abstinentiâ, & duplicatis jejuniis ;* elle souffrit les maladies les plus douloureuses avec une patience heroïque ; *doloris aculeos mirâ patientiâ sustinebat* ; toute la terre publia ses loüanges, les Prêtres l'admirerent, les Vierges la revererent, les Solitaires la pleurerent, les pauvres la regretterent, les Barbares la respecterent, *quam totus orbis canit, Sacerdotes mirantur, virginum chori desiderant, monachorum & pauperum turbæ deplangunt, barbara terra miratur* : ses aumônes furent si frequentes & si abondantes, qu'elle devint plus pauvre que les pauvres mêmes à qui elle les distribuoit : *omnes pauperes pauperior ipsa dimisit*; elle n'en refusoit aucun, & sur ce qu'on luy representoit qu'elle tomberoit elle-même dans le besoin, elle répondoit : Si je viens à manquer je trouverai qui me soulagera, mais si je manque à ce mandiant, qui trouvera t-il pour le soulager ? *ego si petiero multos inveniam, iste mendicans si à me non acceperit, &c.* la vaine gloire n'entama point ſon cœur, & elle ne voulut jamais ſurpaſſer perſonne qu'en humilité; *cunctos humilitate ſuperavit*: elle quitta Rome & ſa Patrie, ſa famille & ſes amis, pour aller demeurer dans la Terre ſainte; ſa devotion ardente, ſes larmes & ſes ſanglots ſur le ſepulcre de Jeſus-Chriſt, édifierent toute la ville de Jeruſalem; *quid ibi lacrymarum, quantum gemitum effuderit teſtis eſt cuncta Jeroſolyma*; elle viſita les celebres deſerts de l'Egypte, elle entra dans les cellules des Solitaires, elle ſe proſterna à leurs pieds, elle crut voir Jeſus-Chriſt en eux, *cujus non intravit cellulam, quorum pedibus non advoluta eſt, per ſingulos ſanctos Chriſtum ſe videre credebat*: depuis le decés de ſon mari, jamais elle ne mangea avec aucun homme, quelque ſaint qu'il parût, quelque dignité Pontificale dont il fût revêtu, *numquam poſt viri mortem uſque ad diem dormitionis ſuæ, cum ullo comedit viro, quamvis eum ſanctum, & in Pontificali culmine conſtitutum, &c.* elle n'avoit pour lit dans ſes maladies, même les plus grandes, que la terre dure, ſur laquelle étoient étendus quelques cilices, *etiam in graviſſima febre*; elle paſſoit les jours & les nuits en prieres & en larmes, *jugibus pene orationibus dies, noctesque jungebat, in qua fontes crederes lacrymarum*; la ſource de ſes pleurs, ne tariſſant point, on l'avertit qu'elle pourroit perdre la vûë, qu'on devoit conſerver pour lire l'Evangile; *ut ſervaret Evangelicæ lectioni*; elle répondit qu'il falloit fletrir le viſage qu'elle avoit, contre le commandement de Dieu, *contra Dei preceptum*, embelli de rouge & de fard, punir le corps de ſes délices paſſées, réparer ſes ris par des larmes, châtier sa chair autrefois flatée & parée de pourpre & de soye, par l'âpreté d'une rude haire, *asperitate cilicii*; elle fonda divers Monasteres d'Hommes, elle en établit aussi de Vierges dans l'un desquels, qui étoit à Jerusalem, elle se renferma; là elle devint un modelle de regularité à toutes les Sœurs, les reprenant, non avec hauteur, mais par la honte de ne la pas suivre, & de ne la pas imiter, *pudore & exemplo, non terrore*; la psalmodie y étoit merveilleuse & continuelle, & les jours & les nuits retentissoient des loüanges de Dieu, *vespere, noctis medio, &c.* sa foy fut si pure, & si ferme, qu'un Novateur, non moins artificieux que sçavant, du moins comme il se le persuadoit, ayant voulu adroitement introduire des erreurs dans sa Communauté; *quidam veterator callidus, atque ut sibi videbatur doctus*; elle découvrit aussi-tôt les sinuositez de l'ancien serpent qui séduisit Eve; elle rejetta bien vîte le Tentateur avec ses sectateurs, & les détesta publiquement comme des corrupteurs de la doctrine de Jesus-Christ, & des ennemis de l'Eglise, *ex quo die ita cœpit hominem detestari, & omnes qui ejusdem dogmatis erant, ut eos voce publicâ hostes Domini proclamaret.* Cette femme veritablement orthodoxe aimant mieux se priver d'une amitié, laquelle pouvoit peut-être d'ailleurs luy être avantageuse, que de donner la moindre atteinte à la doctrine Catholique : *Hæc dixi, ut fidem tantæ feminæ ostenderem, quæ maluit inimicitias hominum subire perpetuas, quam Dei offensam amicitiis noxiis provocare* : enfin sa derniere heure arrivée, elle se mit à reciter des paroles de l'Ecriture qui marquoient son desir de s'aller unir à Dieu, & elle mourut pleine de jours & chargée de merites au milieu d'un grand nombre d'Evêques, de Prêtres, d'Ecclesiastiques, de Solitaires & de Vierges du Seigneur, laissant sa memoire en benediction à tous les siecles suivans; son corps fut déposé dans le cercueil par les mains des Evêques, & toute la Palestine celebra ses obseques; *aderant Hierosolymitarum, & aliarum urbium Episcopi, & Sacerdotum inferioris gradus, ac Levitarum innumerabilis multitudo, omne Monasterium, virginum chori, &c.*

Que dire de sainte Marcelle, qui demeurée veuve aprés sept mois de mariage, jeune, riche & belle, refusa les plus grands partis de l'Empire Romain qui la rechercherent avec des offres de biens infinis; mais rien ne pût ébranler sa constance: elle couvrit de confusion les veuves Payennes, dit saint Jerôme, & elle leur apprit par sa pudeur dans sa conduite, par sa modestie dans ses habits, par son inviolable continence, ce que c'étoit que la viduité chrétienne: *ab hac primùm confusa gentilitas est, dum omnibus patuit quæ esset viduitas Christiana, quam & conscientiâ & habitu promittebat*; jamais elle ne vit aucun Ecclesiastique ni aucun Moine qu'étant accompagnée de personnes sages & vertueuses; *nullum Clericorum aut Monachorum vidit absque arbitris.* Comment raconter icy ses macerations, ses jeûnes, ses veilles, ses aumônes? il suffit de dire qu'elle fut la premiere des Dames Romaines qui fit profession de la vie Monastique, comme on la pratiquoit dans la Thebaïde, *Virginum ac viduarum didicit disciplinam, nec erubuit profiteri quod Christo placere cognoverat.*

Constantinople n'eut rien de moins que Rome & Jerusalem en la personne d'Olympias, si celebre chez les Peres Grecs, & dans l'histoire de ces temps-là : sa noblesse, sa beauté, ses richesses, ne purent l'attacher au siecle; demeurée veuve aprés vingt mois de mariage & sans enfans, étant encore à la fleur de son âge; elle renonça pour toûjours aux vanitez du siecle; elle ne porta que des habits les plus simples, *vilis & contempta vestis*; elle se devoüa au service de l'Eglise en qualité de Diaconisse, elle distribua des biens immenses aux pauvres; *infinitas & immensas divitias*; la ville, la campagne, les deserts, les Temples, les Oratoires, les Monasteres, les Hôpitaux, tout se ressentit de ses infinies largesses, qu'elle répandit sur toute la terre comme une pluye abondante & feconde, *non urbs, non rus, non solitudo mansit expers largitionum ejus, suppeditavit Ecclesiis, Monasteriis, Cœnobiis, & ut semel dicam, in omnem orbem terræ dispersit eleemosynas*; son humilité n'eut pas plus de bornes dans sa profondeur, que sa charité dans son étenduë, *hæc beata cujus charitas immensa processit usque ad extremum humilitatis*: & ce qui fut admirable, c'est que parmi tant de bonnes œuvres, son esprit fut aussi vuide de vaine gloire, que son cœur d'amour propre; *vita sine ulla inani gloria animus ab arrogantia alienus*; les veilles de la nuit & les larmes du jour partageoient également sa vie; *somni expers vixit in immensis lacrymis*: cette bien-heureuse veuve se faisoit un devoir reli-

gieux

gieux d'eſtre ſoumiſe aux ſaints Evêques, d'honorer les Preſtres, de reſpecter le Clergé; elle devint le ſecours des Vierges, l'appuy des veuves, la force des vieillards, le ſoulagement des malades, la conſolation des affligez, la lumiere des perſonnes de ſon ſexe, *cum omni pietate, ſanctis ſubdita Epiſcopis, venerans Presbyteratum, honorans Clerum, &c.* elle enſeignoit le catechiſme, & ſur tout elle prenoit un ſoin particulier d'inſtruire les femmes des infidelles qui venoient à ſon école; *multis infidelium in catecheſi inſtitutis uxoribus*: Enfin elle merita pardeſſus les autres illuſtres veuves de ſon temps, de participer à la couronne des Confeſſeurs: car l'Empereur Theodoſe ayant voulu qu'elle épousât un grand Seigneur de ſa Cour, parent de cet Empereur même, elle refuſa ſi conſtamment cet honneur, qu'on luy ôta l'adminiſtration de ſes grands biens, & qu'à peine luy laiſſa-t-on la liberté d'aller à l'Egliſe; on oſa même aprés l'exil de ſaint Chryſoſtôme ſon Prelat, & ſon Pere ſpirituel, ce qui fut la plus rude épreuve de ſa conſtance, l'accuſer d'avoir mis le feu à la grande Egliſe de Conſtantinople, & l'envoyer elle-même dans une eſpece d'exil où elle ſouffrit beaucoup; mais ni les vexations qu'elle endura pour le maintien de la continence, ni les accuſations atroces dont on la chargea en haine de ſon inviolable attachement à ſon ſaint Paſteur indignement perſecuté, ni l'exil, ni les maladies dont elle y fut affligée, & qu'elle ſupporta avec une merveilleuſe patience, ne firent qu'accroître ſa gloire devant les hommes, & ſa recompenſe devant celuy qui l'avoit choisie pour en faire un modele achevé de perfection pour les veuves, lesquelles devoient répandre la bonne odeur de Jesus-Christ dans le champ de l'Eglise ; *agrum hunc Ecclesiæ fertilem cerno, nunc viduitatis gravitate pollentem.*

Il ne faut pas omettre icy que l'état de viduité parut si convenable & si conforme à l'esprit, à la dignité, & à la sainteté du Christianisme, qu'il s'éleva dans l'Eglise une secte de prétendus spirituels, qui condamnerent les secondes nôces, disant qu'ils n'admettoient qu'un seul Dieu, & qu'un seul mariage;

Tertul. de Mont. c. 6. *unum matrimonium novimus, sicut unum Deum* : que le Créateur n'avoit formé qu'une seule femme pour le

c. 4. premier homme : *unam fœminam masculo Deus finxit*; de même qu'il n'a donné à J. C. qu'une seule épouse

c. 5. Vierge, qui est l'Eglise ; *unam habens Ecclesiam sponsam secundùm Adam & Evæ figuram* ; que le Sauveur nia que le cinquiéme homme de la Samaritaine fût son mari, montrant par là que les seconds maris étoient

c. 8. des adulteres, *Samaritanæ maritum negat, ut adulterum ostendat numerorum maritum*; que l'infirmité de la chair avoit duré jusqu'à la naissance de leur secte, mais que cette raison n'étoit pas meilleure pour autoriser l'incontinence criminelle des Catholiques charnels qui se remarioient, que pour justifier l'Apostasie des lâches Chrétiens qui renonçoient à la foy ; *cùm tormentis expugnata est in negationem*; qu'enfin il falloit mettre ceux qui se remarioient au rang des adulteres &

De pud c. 1. des fornicateurs; *eundem limitem liminis mœchis & fornicatoribus figimus.* Tous ces faux raisonnemens furent condamnez par un Decret du Souverain Pontife, receu de toute l'Eglise; *audio etiam edictum esse propositum, & quidem peremptorium, Pontifex scilicet maximus*; c'est ainsi que les Novateurs donnent toûjours dans des extrémitez vicieuses ou de doctrine ou de morale, & souvent dans les deux ensemble. Cependant, quoyqu'on ne mît pas les remariez au rang des pecheurs, leur incontinence paroissoit si odieuse, qu'en certaines Eglises on les mettoit au rang des penitens & des irreguliers par rapport au Clergé. Regardez ces Vierges consacrées à Dieu, admirez ces venerables veuves, dont le cœur continent n'a jamais brûlé d'une seconde flame, disoit saint Laurent, parlant au Prefet, en luy opposant l'état heureux de l'Eglise Romaine, ainsi que Prudence le rapporte; *cernis sacratas virgines, miraris intactas anus, primique post damnum thori ignis secundi nescias.* *Ibi.*

TROISIE'ME CONSIDERATION.

Le mariage ne dégeneroit point de cette sainteté, & les revolutions humaines figurées par le nombre trentiéme portoient leur fruit en abondance, & enrichissoient l'Eglise en la multipliant: *tricesimum casto matrimonio deputantes*, dit saint Jerôme; surquoy il suffit d'en rapporter icy deux choses entre un grand nombre d'autres, comme deux fleurs choisies du milieu d'un parterre qui composeront un bouquet odoriferant, la premiere du côté des hommes engagez dans le mariage: L'Apôtre veut qu'ils remplissent si ſaintement les devoirs de cet état, & que leur cœur ſoit tellement dépris de toute volupté charnelle & ſenſuelle, qu'ils ſoient du moins en cela, comme s'ils n'avoient point de femmes; c'eſt à dire, ſemblables aux perſonnes continentes, telles que les Vierges pures & les veuves vertueuſes; ce qui ſans doute exige une perfection & plus rare, & peut-être plus difficile en un ſens à garder, attendu la corruption de la nature dépravée, & ſon penchant ſi enclin au plaiſir, que ne fait le celibat même le plus ſevere; *reliquum eſt ut & qui habent uxores tamquam non habentes ſint*; qu'un ſemblable détachement eſt Chrétien!

1. Cor. 7. 27.

Pluſieurs fidelles alloient encore plus loing, & gardoient d'un conſentement mutuel la continence au milieu même du mariage, vivant enſemble comme freres & ſœurs: combien y en a-t-il de ſemblables parmi nous, diſoit Tertulien? *quot enim ſunt qui conſenſu pari inter ſe matrimonii debitum tollunt; voluntarii ſpadones pro cupiditate regni cœleſtis?*

L. 1. ad Ux. c. 6.

Saint Paulin illuſtre par ſa nobleſſe, par ſes richeſſes, par ſes grands employs, par ſon éloquence, & par l'eſtime univerſelle qu'il s'étoit acquiſe dans le monde, en eſt entre pluſieurs autres un exemple celebre: touché du deſir de la perfection, il reſolut de renoncer au ſiécle, d'abandonner le Senat, de quitter ſa maiſon, ſa patrie, ſes parens, & de ſe retirer dans un pays éloigné pour y vivre inconnu, ſans ſuite & ſans éclat; ſon épouſe, la bien-heureuſe *Teraſie*, non-ſeulement l'accompagna, mais l'anima, & luy ſervit de guide dans la pratique de la vertu la plus austere ; la continence conjugale qu'ils offrirent à Dieu d'un mutuel consentement, fut le premier sacrifice qu'ils firent d'eux mémes au Seigneur, demeurant ensuite d'autant plus unis, selon l'esprit, qu'ils l'étoient moins selon la chair, dit S. Augustin; *spiritualibus ei tantò firmioribus quantò castioribus nexibus copulata.* Cette Sainte cessa d'être sa femme pour commencer d'être sa sœur, selon l'expression de saint Jerôme ; *Sanctam Paulini sororem* ; loin d'être à son mari une autre Eve séductrice, & de l'amolir dans sa resolution, elle l'y fortifia, rentrant par cette fermeté virile, dans l'os du premier homme dont la premiere femme avoit été tirée, ajoûte saint Augustin ; *conjux non ut Eva quondam, dux ad mollitiem viro suo, sed ad fortitudinem, redux in ossa viri* ; elle vendit ses terres & ses grandes possessions, imitant en cela son époux, & l'un & l'autre en firent une profusion aux pauvres ; cette pieuse Dame de riche devenuë elle-même pauvre, ne s'étant rien reservé qu'un petit jardin qu'elle cultivoit pour sa subsistance ; & ce fut ainsi que ces deux Fidelles, mariez, porterent dans le champ de l'Eglise & le trentiéme du mariage & le soixantiéme de la viduité ; *aliud tricesimum, aliud sexagesimum*, & cela tout à la fois.

Il y en avoit même alors plusieurs qui au sortir des fonts baptismaux renonçoient pour toûjours à l'usage du mariage ; combien y en a-t-il parmi nous, disoit encore Tertullien, qui consacrent leur chair par la continence du moment qu'elle a été purifiée par les eaux sacrées du Baptême ? *quot enim sunt qui statim à la-*

vacro carnem suam obsignant? combien encore y en a-t-il, ajoûte-t-il ailleurs, qui sous le voile du mariage conservent en secret la fleur de leur virginité, ou la continence de la viduité; *virginitas quoque & viduitas in occulto matrimonii dissimulatio*; & qui font de leur chair un sacrifice qui monte devant Dieu en odeur
De Resur. Car. c. 8. de suavité; *de bonis carnis Deo adolentur.*

Que si les hommes pratiquerent excellemment cette haute perfection que l'Apôtre leur enseigne, en leur disant que ceux qui ont des femmes vivent comme s'ils n'en avoient point; les femmes de leur côté ne pratiquerent pas moins genereusement cet avis que l'Apôtre S. Pierre leur donne; il exige qu'elles soient si parfaites, & il demande d'elles tant de modestie, de pudeur, de retenuë, de soumission à leurs maris, qu'il veut que les infidelles obstinez qui ne se sont pas rendus à la prédication des Apôtres mêmes, par la bouche desquels le S. Esprit parloit avec tant d'énergie, se convertissent voyant avec admiration & respect la vie pieuse, exemplaire & irrephensible que la Religion Chrétienne inspire à leurs épouses chastes & fidelles, & qu'ainsi sans autre langage que celuy de leurs vertus, elles les gagnent à Dieu: *similiter & mulieres subditæ sint viris suis, ut & si qui non credunt verbo, per*
1. Pet. 3. 1. *mulierum conversationem sine verbo lucrifiant, considerantes in timore castam conversationem vestram.*

Telle fut la bien-heureuse Nonne, mere de saint Gregoire de Nazianze. Cette pieuse Dame ayant un
Ora. 20. époux illustre selon le siécle; *vir magni apud omnes no-*
p. 322. Car. 5 p. 71. *minis*, mais idolâtre, *fœdè simulacra colens*; n'oublioit

rien pour le gagner à Jesus-Christ, l'édifiant par sa vie exemplaire, l'éclairant par sa doctrine salutaire; *vitâ & sermone*, & luy devenant ainsi une lampe lumineuse dans la foy, & un modele parfait dans la vertu; *fidei & pietatis magistra*; elle ne se rabaissoit au soin des choses de la terre, qu'autant qu'elle y étoit obligée pour les consacrer toutes à la gloire du Roy du Ciel; *terram fluxique gaudia mundi, hactenus attingens ut cœlo provida cunctas ferret opes*; elle ne connoissoit de noblesse que celle qui se tire de la regeneration spirituelle & de la pieté; *unam nobilitatem in pietate sitam esse censebat*; portant encore ses enfans dans son sein, elle les offroit à Dieu, & les luy voüoit, remplie d'une secrette confiance qu'il en acceptoit l'offrande, & du moment qu'ils étoient nez, elle les luy consacroit; ce qui sans doute devint une oblation tres-agréable en la personne de la bien-heureuse Gorgonie sa fille, & de S. Gregoire de Nazianze, la claire lumiere de l'Eglise, le Theologien par excellence, & le digne fils d'une telle mere : *nos etiam ante ortum Deo futurum nihil reformidans promisit, atque in lucem editos statim consecravit : Dei autem beneficio illud fuit quod voto suo non omnino exciderit, nec victima ea quam obtulerat repudiata fuerit.*

Car. 1. p. 33.

Ora. 11. p. 178.

Car. 1. p. 33.

Ses biens, quelques grands qu'ils fussent, luy sembloient si petits, par rapport à l'étenduë de sa charité, qu'on luy entendoit souvent dire qu'elle estoit toute disposée & toute prête, si la chose eût été possible & convenable, de vendre ses enfans, & de se vendre elle-méme du meilleur de son cœur, pour subve-

p. 299. venir à la necessité des pauvres ; *opes cupiditate suâ minores existimabat, sed seipsam quoque, si fieri potuisset, & liberos, ex ipsa sæpe audivi, promptè ac libenter vendidisset, ut in pauperum usus expenderentur* ; si sincere dans ses paroles, que son fils ne craint pas de l'appeller la bouche
p. 2. de la verité ; *testis parens quâ nemo veracior* ; si soumise à son mari, qu'elle surpassoit en ce point l'an-
Orat. 11. cienne Sara ; *Saram quoque ipsam superans* : si pruden-
p. 278. te, que son mari luy laissoit la disposition des aumô-
p. 299. nes, & s'en reposoit sur sa discretion ; *huic totas largitionis habenas ille permiserat* ; si modeste, que méprisant tous les vains ajustemens des femmes mondaines, elle ne songeoit qu'à perfectionner dans son interieur l'image du Createur ; & qu'à y graver les traits
Ibi. de son divin Auteur : *pulchritudinem & imaginem divinam quæ in anima est cognoscebat, pulchros autem, & arte quæsitos ornatus, ad scenicas mulierculas abjiciebat* ; si soigneuse de conserver & d'augmenter son bien, qu'on l'eût prise pour une avare, si liberale à le distribuer aux pauvres, qu'on l'eût prise pour une prodigue : *rem domesticam ita auxit quasi pietatem colere nesciret : Deo & pauperibus opes effundebat* : si appliquée au détail de son domestique, qu'on eût jugé qu'elle n'avoit aucun temps pour la priere, si addonnée à l'oraison, qu'on eût pensé qu'elle avoit abandonné le soin de sa famille ; *tanquam à rerum domesticarum procuratione procul abesset* ; si religieuse, qu'elle s'abstenoit même par respect de cracher sur le pavé de l'Eglise ; *nunquam divinum pavimentum expuit* ; & qu'elle gardoit un inviolable silence dans les assemblées des fidelles, & dans

les

lès lieux ſacrés, *in ſacris conventibus aut locis nunquam illius vox audita eſt.* Si reſignée dans ſes frequentes afflictions, que les paroles de ſa ſoûmiſſion, précedoient toûjours les ſignes de ſa douleur ; & que ſes larmes t iſſoient au moment qu'elle avoit fait le ſigne ſacré de la croix ſur ſes yeux, *nunquam luctuoſa vox ei priùs quàm gratiarum actio erumpebat : aut ex palpebris myſticè ſignatis lachryma fluebat* : quels temps & quels lieux ne furent pas conſacrez par ſa priere ? *Quodnam orationis tempus, &c.* Qui reſpecta plus qu'elle les Prêtres, ou qui admira davantage les Vierges ? *Quænam ſacerdotum manum, vultumque plus verita eſt ? Quænam virginitatem majore in admiratione habuit ?* Qui fut plus qu'elle l'appuy des veuves, le refuge des orphelins, la conſolation des affligez ? *quęnam orphanis ac viduis majori in in pręſidio fuit ?* Qui plus qu'elle macera ſa chair, par les jeûnes, & par les veilles, ou qui éleva plus ſon eſprit par les doux accens de la pſalmodie qu'elle écoûtoit & le jour & la nuit dans une poſture droite, & immobile comme une colonne, tant elle étoit pour lors ravie en Dieu ? *aut diurnis ac nocturnis pſalmodiis columnę inſtar ſe ipſam affixit.* Tant de vertus la rendoient l'ornement de ſon ſexe, le modele des Dames mariées, l'admiration de ſon époux, & ſon étoile dans la voye de ſalut, *fœminarum non ornamentum ſolum, ſed etiam virtutis exemplar, non modò adjutrix mariti, ſed dux & anteſignana fuit*, elle ſeule n'étoit pas contente de ſon ſort : Il luy ſembloit qu'elle n'étoit qu'à moitié à Dieu tandis que ſon mari, c'eſt-à-dire, l'autre moitié d'elle-meſme n'y étoit pas, *ſe dimidiâ tantùm ex parte Deo*

p. 179.

p. 293.

copulari. Nuit & jour elle affligeoit & prosternoit son corps innocent, afin d'obtenir grace pour son chef coupable; *propterea dies noctesque ad Domini pedes prostrata pro capitis sui salute obsecrabat.* Et joignant les jeûnes & les larmes à son ardente priere, *cum multis jejuniis & lachrymis*, elle pressoit continuellement le Seigneur de lui accorder la conversion de ce mari, qu'elle pressoit sans cesse de se convertir au Seigneur: n'omettant ni remontrances, ni complaisances, ni reproches, ni rebuts, ni bons exemples afin de le reduire; *Atque viro etiam sedulò instaret, cumque variis modis lucrari contenderet, probris, admonitionibus, obsequiis, & quod maximi momenti erat, morum suorum probitate, ac fervent pietate.* Soûmise en toute autre chose ainsi qu'une femme le doit estre au mari, le mari devenoit icy soûmis à la femme, & la femme cessant en cela d'être inferieure au mari, elle s'érigeoit en maîtresse de son superieur, *ac ceteris quidem in rebus, ut matrimonii leges ferebant, viro suo parere optimum esse judicans, fidei autem & pietatis magistram quoque se præbere nequaquam erubescens.* Le beau spectacle! Quel étoit le plus édifiant & le plus admirable, ou le zele de la femme à oser instruire son mari, ou la docilité du mari à vouloir bien se laisser instruire par sa femme? *quàm quidem cum hoc nomine admirari par sit, tùm verò maritum amplius admirari convenit.* Enfin le mari qui n'avoit jamais pû estre induit à chanter des Pseaumes, quelque instance que sa pieuse épouse luy en eût fait, étant une nuit endormi, s'imagina qu'il chantoit ce verset du Pseaume 121. Je me suis rejoüi dans les choses qui m'ont eſté dites, que nous irons dans la maiſon du Seigneur, *in ſomnio putabat ſe quod nunquam ante fecerat, quamvis uxor frequens in oratione ex Davidis eam partem canere, Lætatus ſum in his quæ dicta ſunt mihi, in Domum Domini ibimus.* Ce chant luy parut d'autant plus extraordinaire & nouveau, qu'avec les paroles qui frapoient ſes oreilles, les ſentimens religieux qu'elles renferment s'inſinuoient dans ſon cœur, *novus & inuſitatus hic cantus erat, ac deſiderium ſimul cum cantu ingreditur.* Son épouſe informée de cette merveille, redouble ſes inſtances & le preſſe, *ſummo ſtudio*, d'achever l'œuvre de ſa converſion. Par une providence particuliere, pluſieurs Evêques s'étant aſſemblez en ce lieu, c'étoit la Ville de Nazianze, on l'inſtruit, on le diſpoſe, on le baptiſe, & voicy une merveille ſurprenante, comme il ſortoit des ſacrez fonts, animé d'une devotion ardente, *cum ardenti cupiditate*, une lumiere l'environne, une clarté ſoudaine brille & ſe répand, *ipſum autem ex aquâ egreſſum lumen circumfulget & gloria.* L'Evêque qui faiſoit la ceremonie du Bapteſme & de la confirmation, en fut ſi ébloüi & ſi ſurpris, que tranſporté comme hors de luy, il s'écria comme par un mouvement du Saint-Eſprit, que celuy qu'il venoit de baptiſer lui ſuccederoit dans l'Epiſcopat, *eum quem inungebat ſibi in Epiſcopatu ſucceſſurum palàm ac publicè prædicaverit.* L'évenement verifia la prédiction, & l'on peut dire que la converſion de Gregoire, ſon baptême, ſon Epiſcopat, ſa vie exemplaire, ſon zele, ſes travaux pour l'Egliſe, & ſes combats contre les Heretiques, furent les fruits que produiſit la converſation chrétienne & édifiante de la bien-heureuſe Nonne ſon épouſe, & que cette parole de l'Apôtre ſaint Pierre, qui veut des femmes mariées une telle vertu, que les maris qui n'ont pas été gagnez à Dieu par la prédication de l'Evangile, le ſoient par le pieux exemple de leurs femmes; *ut & hi qui non credunt verbo per mulierum converſationem ſine verbo lucrifiant*: s'accomplit heureuſement en elle: les femmes devenant ainſi, ſelon la Doctrine de l'Apoſtre, coheritieres avec les hommes, non ſeulement de la grace en general, mais de la grace apoſtolique, *cohæredibus gratiæ vitæ.* Voilà quelques épics de ce champ du pere de famille dont il eſt parlé dans l'Evangile d'aujourd'huy. *Simile factum eſt regnum Cœlorum homini qui ſeminavit bonum ſemen in agro ſuo*: De ce champ que l'integrité des vierges, comme une fleur naiſſante rend agreable, que la gravité des veuves comme un fruit avancé rend reſpectable, que la continence conjugale comme une fructueuſe production rend éſtimable, & que ces trois états embelliſſent, honorent, enrichiſſent & peuplent. *Agrum hunc Eccleſiæ fertilem cerno, nunc integritatis flore vernantem, nunc viduitatis gravitate pollentem, nunc etiam conjugii fructibus redundantem.* Au reſte, parce que nous nous ſommes fort étendus dans le commencement de cette Homelie, nous aimons mieux nous arreſter icy, mes tres chers freres, que de fatiguer voſtre patience, par un trop long diſcours, remettant le reſte à Dimanche prochain: nous nous contenterons ſeulement de finir par une hiſtoire auſſi ſainte que celebre, qui nous fera voir la grande pieté de ces premiers temps, & un rare ſpectacle en la perſonne d'un Soldat qui par ſon zele ſçût conſerver la pureté à une vierge, & d'une vierge qui par ſa prudence ſçût procurer le martyre à un Soldat ; les actes nous en ont été conſervez fidellement, & ſaint Ambroiſe les a autoriſez en nous les rapportant en ces termes.

UNe Vierge d'Antioche également belle & modeſte, évitoit avec ſoin de paroître en public ; cependant, moins elle s'expoſoit aux regards des hommes, plus attiroit-elle leur eſtime, parce que la beauté qui fait bruit, & qu'on ne voit pas, excite davantage les deſirs, & bleſſe l'ame d'un double trait, d'amour & de curioſité : D'ailleurs dérobant à l'œil tout ce qui pourroit rebuter, elle laiſſe croire au cœur trop credule, qu'elle ne cache rien qui ne doive plaire. Theodore, c'étoit ſon nom, afin de ne point nourrir de paſſion dereglée, & d'éteindre tout d'un coup le feu de la convoitiſe, fait profeſſion publique de Virginité. La voilà à couvert de la recherche des hommes, mais non de leur violence. La perſecution contre les Chrétiens s'allume. Que fera noſtre chaſte & genereuſe Fille ? Elle ne veut ni fuir ni paroître : intrepide pour la mort, allarmée pour ſa pureté, elle prend le party d'une prudence toute religieuſe ; car ſon zele la pouſſant d'aller au devant des tourmens, ſa modeſtie l'oblige de garder la retraite. Courageuſe juſqu'à ne pas craindre de perdre la vie : pudique juſqu'à apprehender de ſe produire.

Le jour du combat arrivé, tout le monde a les yeux sur elle, le Juge assis dans son Tribunal, dit : Qu'on fasse entrer la Vierge Theodore. L'Huissier répond : la voilà. Le Juge s'adressant à elle, luy dit : Qui êtes-vous ? Je suis Chrétienne, répondit-elle. Estes-vous libre, ou esclave, ajoûta le Juge ? Vous ayant declaré que je suis Chrétienne, lui dit-elle, je vous ay assez fait connoître que Jesus-Christ m'avoit délivrée de l'esclavage du peché : au reste mes Parens sont nobles selon le siecle. Qu'on appelle un Magistrat, dit le Juge. Etant entré, il s'informa de quelle condition étoit Theodore : & ayant appris que c'étoit une Demoiselle de qualité, & d'une race illustre, il luy dit : Pourquoy une Fille de naissance comme vous ne s'est elle point mariée ? A cause de Jesus-Christ, répondit-elle, qui s'étant en ce monde revêtu de chair, preserve la nôtre de corruption, & nous procure une vie incorruptible & éternelle. Desorte que demeurant ferme dans sa foy, j'espere de conserver inviolablement ma pureté. Les Empereurs, ajoûte le Juge, ont ordonné que vous autres Vierges Chrétiennes ayez à sacrifier aux Idoles, ou que vous soyez sacrifiées à la débauche publique. Vous sçavez bien, repondit Theodore, que Dieu regarde le cœur, & que la violence exterieure ne peut corrompre une ame chaste. Vôtre qualité & vôtre beauté me donnent de la compassion, repliqua le Juge, mais ne vous y joüez pas, je n'ay que l'un de ces deux partis à vous proposer. Je n'ay aussi qne la même réponse à vous faire, lui repartit la Vierge : Coupez-moi la tête, les mains & les pieds, hachez mon corps en pieces: tout mon ſouhait eſt de joindre le Martyre à la Virginité, de garder mon vœu, & de me conſerver à mon Dieu, qui ſçaura bien me conſerver ſes dons. Ne deshonorez pas une famille ſi diſtinguée que la vôtre, dit le Juge, & ne couvrez pas vos parens d'une honte que vous allez leur procurer. Je renonce à toute autre nobleſſe qu'à celle de Jeſus-Chriſt, qui ne negligera pas de prendre ſoin d'une de ſes colombes, répondit la Vierge. Quel illuſion de mettre ſa confiance en un homme crucifié, dit le Juge! Ne croyez pas au reſte, ajoûta-t-il, remporter vôtre integrité des lieux infames où l'on vous envoyera, un nombre infini de gens ſont trop paſſionez pour vous. J'eſpere que Jeſus-Chriſt crucifié pour moy me gardera, repliqua Theodore, & que la confeſſion que je fais de ſon nom, me ſera un rempart inexpugnable. Tous ces diſcours ſont inutiles, dit le Juge, obéiſſez aux Empereurs, ou vous ſervirez d'exemple aux autres Dames. Le corps ſeul eſt en vôtre puiſſance, repartit Theodore, & non pas l'ame. A ces mots le Juge luy fit frapper cruellement le viſage à coups de poing, & luy faiſoit dire par ſes Bourreaux: Ne ſoyez pas ainſi folle: Sacrifiez aux Dieux. Theodore répondit: A Dieu ne plaiſe que je commette ce crime, ni que j'adore les Demons. Le Juge luy dit: Inſenſée, vous m'avez contraint de vous outrager, vous qui êtes une fille de qualité, & vous m'engagez à vous expoſer à la brutalité d'une troupe de Débauchez qui n'attendent que vôtre Arreſt, & qu'on vous livre à eux. Theodore répondit: Je ne suis point insensée pour confesser Jesus-Christ mon Seigneur, & l'outrage que vous dites m'avoir fait, est pour moy un honneur inestimable, & me vaudra une gloire infinie. J'esperois vous desabuser, repartit le Juge, mais puisque je me suis trompé, je vas faire executer contre vous les Loix, de peur que je ne devienne aussi moi-même rebelle à l'Empereur. De même que vous craignez de contrevenir aux ordres de vôtre Souverain, ainsi, dit la Sainte, je crains de violer les Loix de mon Roy. Vous continuez de mépriser le commandement de nos Princes, & de me mépriser avec eux, répondit le Juge, prenez garde que vous n'en sentiez bien-tôt la peine, je vous donne encore trois jours pour y penser, aprés quoy je vous jure par les Dieux, que si vous n'obéissez pas, je vous feray conduire dans un lieu infame, & servir d'exemple à toutes les femmes Chrestiennes. Ce terme est inutile, dit la Sainte, ces trois jours sont déja passez pour moy, le Dieu que j'adore ne permettra pas que je luy sois infidelle. Cela dit, on la mene en prison.

Que faisons-nous, disoit cette Vierge inébranlable dans sa foy, mais inquietée par sa pureté? On nous veut ravir l'une des deux Couronnes, de Vierge ou de Martyre? Mais comment estre Vierge, si l'on prostituë son ame à l'Idolatrie; Ou comment estre Martyre, si l'on renonce à l'Auteur de la Virginité? La pureté du cœur est préferable à celle du corps. Conserver l'une & l'autre, c'est le mieux; mais s'il faut en perdre une, soyons purs devant Dieu, ne pou-

vant

vant l'être devant les hommes. Rahab dans un corps ſoüillé par l'incontinence, purifia ſon ame par la foy. Judith dans le deſſein de plaire aux yeux d'un Adultere, ſauva tout à la fois ſa Patrie, ſa Religion & ſa Chaſteté, & l'évenement fit voir en elle une conduite inſpirée. Tels étoient les diſcours de Theodore dans un cachot. Aprés quoy toute occupée de ces grands exemples, & ſe ſouvenant de cette parole du Sauveur : *Quiconque perdra ſon ame pour moy, la trouvera*, elle ſe tût, & ſes yeux répandirent deux ruiſſeaux larmes. Elle ſe tût pour refuſer méme ſa voix aux oreilles des hommes, qui euſſent pû ſe plaire à l'entendre. Jugez de ſon amour pour la pureté : Elle pleura dans le choix de perdre l'honneur ou la foy ; & ſans accepter l'injure qu'on luy vouloit faire, elle refuſa de faire injure à Jeſus-Chriſt. Jugez de la pureté de ſon amour.

Les trois jours écoulez, le Juge aſſis dans ſon Tribunal, commanda qu'on fît venir Theodore, & luy dit : Si vous êtes guerie de vôtre obſtination, ſacrifiez aux Dieux, & retirez-vous ; ſinon, il faut vous reſoudre à être la victime de la débauche publique. Je vous l'ay déja declaré, repliqua la Sainte, & je ne feins point de vous le repeter encore, j'ay voüé ma Virginité à Jeſus-Chriſt, j'attends de luy la grace de me conſerver ſans corruption, & tout enſemble la gloire de confeſſer ſon ſaint Nom. Ce bon Paſteur ſçaura bien trouver les voyes de proteger une de ſes Brebis. Je prends les Dieux à témoin, que la crainte des Empereurs, & l'obéiſſance que je leur dois, m'obligent à pronocer cet Arreſt contre vous ; mais puiſque vous ne voulez pas adorer les Idoles, resolvez-vous à être ignominieusement conduite dans une maison d'infamie, & nous verrons si vôtre Christ, pour lequel vous risquez tout, vous en délivrera. Theodore répondit: Dieu qui connoît les secrets des cœurs, qui voit les choses avant qu'elles arrivent, qui m'a conservée pure jusqu'à present, me préservera des mains de ceux qui voudroient attenter à ma pudicité. Le Juge prononce la Sentence, & l'on mene cette innocente Victime dans un lieu abominable. Ma plume, arrêtez-vous: Vierges Chrétiennes, rougissez, ou plûtôt prêtez l'oreille à cette merveille. On traîne la Vierge dans une maison d'infamie; mais une Epouse de Jesus-Christ est toûjours vierge. Elle est partout un Sanctuaire inviolable. Loin que les lieux infames, où la chasteté entre, la souillent, elle les consacre, elle change leur nom, en les faisant devenir des Temples. A peine cette Colombe est-elle enfermée, que la voilà environnée d'une multitude d'Oiseaux de proye. Elle leve les mains au Ciel, & comme si elle se fût trouvée dans une Maison d'oraison, Seigneur, dit-elle, il ne vous est pas plus difficile de refrener icy les hommes incontinens, qu'il vous le fut autrefois, d'arrêter les Lions affamez dans la fosse de Daniel: le feu suspendit son ardeur en faveur des Enfans de la Fournaise de Babylone: L'Eau de la Mer rouge obéissant à vos Loix, n'engloutit pas les Israëlites: Sainte Susanne fléchissant les genoux devant vôtre Trône, triompha des Adulteres: La main droite d'un Prince impie, qui voulut violer vos Autels, devint aride. Voicy un de vos Temples, ô grand Dieu, qu'on veut violer, ne permettez pas un tel ſacrilege; je ſuis entrée icy Vierge, que j'en ſorte Vierge: A peine avoit-elle finy ſa priere, qu'un homme vêtu en Soldat entre ſeul dans la Chambre. La Vierge s'effraye, mais il la raſſure: Ne craignez point, luy dit-il, Theodore, je ſuis un Frere, & non un Ennemy: Je viens vous délivrer, & non vous perdre; je parois un loup au dehors, mais je ſuis un agneau au dedans: que ce vêtement militaire, ou plûtôt diabolique, ne vous trouble point: Jeſus-Chriſt eſt le Dieu des Armées, & les Anges compoſent ſa Milice, & ſont ſes Soldats: Sauvez-moy, & je vous ſauveray: Je ſuis entré en Adultere, je ſortiray en Martyr: Changeons nos vêtemens, ils ne nous conviendront, ny à l'un, ny à l'autre, il eſt vray, mais ils ſeront propres aux deſſeins du Ciel ſur nous: Le mien vous conſervera Vierge, & le vôtre me rendra Martyr: Diſant ces mots, il quitte ſa veſte; Theodore n'oſe ajoûter foy à celuy qu'elle regarde comme un cruel ennemy: Il luy preſente ſon habit, afin qu'elle le prenne: elle luy preſente ſa téte, afin qu'il la coupe: Quel ſpectacle! diſputer du Martyre dans un tel lieu, & cela un Soldat & une Fille! Voir le Loup & l'Agneau s'accorder, & vivre non ſeulement en paix, mais meſme à l'envy s'offrir enſemble en Sacrifice! Quoy plus? elle ſe raſſure, ils changent d'habit, cette Colombe rompt le lacet, & s'envole. Elle s'échape, le chapeau enfoncé & le viſage couvert, comme font ceux qui ſortent de ces lieux infames. Cela fait, un autre entre dans la chambre, mais ſous un voile de Fille, il apperçoit un viſage de Soldat. Qu'eſt cecy, dit-il, on avoit enfermé en ce lieu une Demoiſelle, & j'y trouve un Soldat? J'avois bien oüy dire, quoyque ſans le croire, que ce Jeſus-Chriſt avoit changé l'eau en vin, mais je ne ſçavois pas qu'il changeât les Filles en Garçons: ſortons d'icy, de peur qu'il ne me change auſſi en Fille. Cete avanture éclate. Le Juge en eſt auſſi-tôt averty. On conduit ce nouveau Traveſty devant luy. Quel eſt vôtre nom, luy dit-il? Je m'appelle Didyme, répondit le Saint. Qui vous a obligé de faire cette action, repliqua le Juge? C'eſt Dieu, répondit-il. Avoüez avant la torture ce qu'eſt devenue Theodore. Je n'en ſçay rien, repliqua Didyme: je ſçay ſeulement qu'elle eſt ſortie Vierge du lieu où elle étoit entrée, & que Jeſus-Chriſt le vray Fils de Dieu n'a pas permis que la confiance de celle qui avoit confeſſé ſon nom, fût trompée. De quelle profeſſion êtes-vous, pourſuit le Juge? Je ſuis Chrétien; répondit Didyme. Qu'on luy donne la geſne deux fois plus rigoureuſement qu'à l'ordinaire, dit le Juge. Didyme repartit: Je vous prie de ne me point épargner, & de me faire ſouffrir au plûtôt tout ce qui eſt porté par les Edits des Empereurs. Vous ſerez plus que content, dit le Juge; car ſi vous ne ſacrifiez pas aux Dieux, on vous tourmentera au double des autres, à cauſe du tour que vous nous avez joüé. J'ay fait en cela une action digne d'un Soldat de Jeſus-Chriſt, repliqua

Didyme, puiſque j'ay confeſſé le nom de Dieu, & que j'ay conſervé la pureté d'une Vierge. Au reſte, je ne crains point vos ſupplices, qui ne ſçauroient me donner une veritable mort : Mettez-moy donc en pieces ſans differer un moment, ſi vous voulez ; car quand vous me condamneriez au feu, je ne fléchirois pas les genoux devant vos Idoles. A cauſe d'une telle audace, dit le Juge, vous aurez le coû coupé, & vôtre corps ſera brûlé : Soyez beny, ô Dieu Pere de Jeſus-Chriſt, mon Seigneur, dit le Martyr, de ce que mon deſſein ne vous a pas déplû, m'ayant fait la grace de delivrer vôtre Vierge Theodore, & de me juger digne de vous confeſſer par deux ſortes de ſupplices.

Mais voicy un nouveau ſpectacle. La Vierge Theodore informée de ce qui ſe paſſe, accourt au lieu de l'execution, & debat avec Didyme de la palme du Martyre. C'eſt moy, diſoit celuy-cy, qu'on a condamné, & non pas vous, & le meſme Arreſt qui m'a mis en vôtre place, vous a délivrée. Je ne vous ay pas pris pour épargner ma vie, répondit Theodore, mais pour ſauver ma pureté ; puiſque c'eſt à preſent à la vie, & non au ſexe, qu'on en veut, j'ay du ſang, & je n'ay pas beſoin que vous en donniez pour moy. La Caution eſt libre, quand le Debiteur paroît, & fait offre de payer : Combien ſuis-je plus étroitement obligée de vous délivrer vous-meſme, que je ne le ſerois de dégager vôtre bien ? Souffrez que je meure innocente, de peur que je ne vive coupable : Car il faut necessairement qu'aujourd'huy je verse mon sang, ou que je porte la peine de l'effusion du vôtre. J'ai accouru du moment que j'ai sçû qu'il falloit mourir, pourquoy m'exclura-t-on de la Couronne du Martyre? Serai-je coupable de deux crimes, & d'avoir fuï, & d'estre cause de la mort d'autruy? Mon corps qui s'est dérobé à l'incontinence, vient se soumettre au Coutelas. Si une Vierge ne peut souffrir qu'on blesse son integrité, elle doit être ravie qu'on déchire ses membres pour Jesus-Christ. J'ay fuï les soüillures, il est vrai, mais non la gloire du Martyre. Je vous ai cedé mon habit, mais je ne me suis pas dépoüillée de ma resolution. Que si vous m'enlevez l'honneur de mourir pour Jesus-Christ, loin de vous remercier d'un bon office, je vous accuserai d'avoir usé de surprise envers moy. Ne me disputez point une place qui m'appartient, je vous prie: Resistez au Tyran, mais non à mes raisons: Ne me donnez pas d'une main, & ne m'ôtez pas de l'autre. Si vous m'empêchez de subir la peine de ce second Arrest, vous m'engagez dans les embarras du premier. Souffrez qu'on m'immole la premiere, & pas un de nous ne perdra rien: Vous n'avez à craindre que la mort, j'ai quelque chose à craindre de plus. Vôtre gloire recevra un double éclat, & d'avoir fait une Martyre, & d'avoir conservé une Vierge. Qu'attendez-vous, mes chers Lecteurs, d'une si pieuse contestation? Ces deux Athletes combattirent tous deux, & tous deux ils vainquirent. On ne leur diviſa point la Couronne debatue, on leur en ajoûta une ſeconde, l'un & l'autre contribua à la gloire de ſon Concurrent; Theodore donna naiſſance à leur Martyre, Didyme y mit la fin. Telles ſont les paroles de ſaint Ambroiſe.

Fin de la premiere Partie de l'Homelie ſur le bon Grain & la Zizanie.

Le 15. Novembre 1710.

www.ingramcontent.com/pod-product-compliance
Ingram Content Group UK Ltd.
Pitfield, Milton Keynes, MK11 3LW, UK
UKHW021019180726
13838UKWH00004B/1585

9 782329 329963